LYRIK

THEO BREUER

Theo Breuer, Jahrgang 1956, schreibt in erster Linie Gedichte und Essays. Seit 1991 hat er Gedichtbücher (auch visueller Art) sowie essayistische Monographien zur zeitgenössischen Literatur veröffentlicht. Im Pop Verlag sind erschienen : *Das gewonnene Alphabet* (2012); *Zischender Zustand · Mayröcker Time* (2017); *Scherben saufen* (2019); *Winterbienen im Urftland* (2019), *NICHT WENIGER NICHT MEHR* (2021) sowie *Vorschlag zur Blüte* (2023).

Theo Breuer

Vorschlag zur Blüte

Gedichte

POP VERLAG
Literatur
Ludwigsburg

Bibliographische Information der Deutschen Nationalbibliothek
Die Deutsche Nationalbibliothek verzeichnet diese Publikation in der Deutschen Nationalbibliographie; detaillierte bibliographische Angaben sind im Internet über http://dnb.d-nb.de abrufbar.

Ludwigsburg: Pop Verlag · 2023
ISBN 978-3-86356-371-4

Reihe Lyrik Bd. 179

Klimaneutral
Unternehmen
ClimatePartner.com/11490-1412-1001

Gedruckt auf Munken Print Cream Papier.
Das Munken Print Cream ist FSC-zertifiziert, säurefrei
und alterungsbeständig, ohne optische Aufheller.
Die Produktion ist klimaneutral.
ClimatePartner.com/11490-1412-1001

1. Auflage 2023

Umschlag: Traian Pop (unter Verwendung einer Graphik des Autors)
Druck und Bindung: Pressel · Remshalden
Pop Verlag · Postfach 0190 · 71601 Ludwigsburg
www.pop-verlag.com

WENN ES NACHT WURDE, zündeten sie viele Lichter an, nahmen Tinte, Feder und Tafel in die Hand und begannen Buchstaben zusammenzusetzen und zu vertauschen. Die Buchstaben sträubten sich, sie waren plump und dem Wort treu ergeben, aber das machte auf die Kabbalisten keinen Eindruck, sie warfen alle zusammen, trennten sie, bewegten sie so lange, bis die Welt von ihnen abfiel und das reine, magische Wort entstand.

Gila Lustiger · *So sind wir*

Vorschlag zur Blüte

A ∘ B ∘ C

A, der edelste, ursprünglichste aller laute, aus brust und kehle voll erschallend, den das kind zuerst und am leichtesten hervor bringen lernt, den mit recht die alphabete der meisten sprachen an ihre spitze stellen.

B nimmt in allen dem phönicischgriechischen entstammenden alphabeten gleich hinter dem A seine bedeutsame stelle ein.

C : Gröszeren umfang gewinnt das bei uns eingedrungne C dadurch, dasz es in vielen aus dem latein und den romanischen sprachen entliehenen wörtern haftet.

Jacob und Wilhelm Grimm · *Deutsches Wörterbuch*

He talked of his dreams in a strangely poetic fashion.
Hieroglyphics had covered the walls and pillars.
My immediate sensations are incapable of analysis.
H. P. Lovecraft

ab – durch die : MITTE *

[zitternackt vom traum in den halbschlaf schreitend]

schritte – – –
immer —— wieder :
s s c c h h r r i i t t t t e e –

s/c/h/r/i/t/t/e
s/c/h/r/i/t/t/e
s/c/h/r/i/t/t/e

s-c-h-r-i-t-t-e :
noch / ein / sch—ritt
(und : noch – ein … / schnitt)

and then the next and the next **

---

* Also … bitte – wie bitter (verhext) ist das denn : *Kein Wort stimmt doch mit dem überein, was tatsächlich passiert.* (Rolf Dieter Brinkmann : *Schnitte*)
** Marlon James : *A Brief History of Seven Killings*

Die Wahrheit über die Welt sind nicht die Bombengeschwader über Dresden und Hanoi. Die Wahrheit über die Welt sind nicht die Wolkenkratzer von Manhattan, nicht diese Dunstschwaden, die frühmorgens in der Fifth Avenue aus den Luftschächten der U-Bahn seigen. Die Wahrheit über die Welt ist ein Habicht, der über einem weiten Moor dahinschwebt.

Lars Gustafsson · *Risse in der Mauer*

Life, this was life.
This was the world.

John Updike · *The City*

abendqual

heute :

tages:schau *

---

* → *m e l d u n g* (mit *stumpfem bleistift / auf gerißnem zettel / notiert*) : angesichts / der treuen plage / brach man / das w-o-r-t / kehrte es / über den haufen / und warf es / unter den teppich

der federweisze
Mond hängt halb
im kalten Himmel :
Friederike Mayröcker

Weh mir, wo nehm ich …
Friedrich Hölderlin

Balken flüstern mir nachts
Blättriges in den Schlaf
Marie T. Martin

all (und … auch – so es was brächte)

– mit einer träne im kopfloch –

heiter bis wolkig (von wegen regen) und ich wähne … ich säße bloß —— b·l·a·u·s·a·m —— da … und dächte – eiei – : an den klee von gestern … und dächte – indes ich äße – : an das … reh von gestern … und dächte : an den tee von gestern … und dächte : an die brontë-schwestern … und dächte : an das *weh* (vorm western …) und dächte – hei – : an den schnee (war's … gestern) … und dächte : n i c h t w e i t e r *

* (was man doch … glatt … wieder – – – vergäße)

Für viele war es ein Signal.
Michael Buselmeier

anno 67

in störsaal 13
fällt das mikrophon :
aus –

notgelungen (rasch)
mutiert
rudi dutschke

(*mit haut und haar*) *
zum …
lautsprecher :

entschleiert
hoffnung
und … *träume*

---

* so Timo Frasch …

Freut euch alsdann und :
hupfet
Lukas 6:23

Ya ba dibba
dibba dum
Tevye

arm

selig

Die Herren waren ästhetisch,
Die Damen von zartem Gefühl.
Heinrich Heine

Eine Linie ist ein Punkt,
der spazieren geht.
Paul Klee

»Komisch, komisch.«
Heinrich Mann

aufgußreich

gehenden fußes
lobe ich dich
über den grünen
tee

I have a dream.
Martin Luther King

I went to the woods
because I wished to live deliberately,
to front only the essential facts of life,
and see if I could not learn
what it had to teach,
and not, when I came to die,
discover that I had not lived.
Henry David Thoreau

baumwandlerisch
(sicher)

s-i·c·h-e·r …

Uns ist in alten mæren
wunders vil geseit …
Nibelungenlied

ich versteh vor allem nicht,
dass ich hier immerfort mit dabei bin
Harald Gröhler

bear enough

geträumt : *ich* sei … eieiei …
ein … ge---dicht …

mit … bären …
bären … b-ä-r-e-n …

die – a-u-f-g-e-b-ä-u-m-t –
hinter rinden von linden verschwinden

(swæren bären …)
bären … ohne : ende

geträumt : *ich* sei ein g·e·d·i·c·h·t – – –
ohne …

[w/e/n/d/e →]

Sie ist Witwe, denn der Gatte,
den sie hatte, fiel vom Blatte.
Heinz Erhard

Da sieht man kein Auge tränenleer
Friedrich Schiller

begehr

laß

made

vor

specht

er

gehen

facettenaugen im nackenstrang
Marion Steinfellner

Da braust es noch einmal wie ein Orkan
Reinhard Mey

bewegte brötchen

» bei der heißen schlacht
am kalten buffet
da zählt der mann
noch als mann « *

---

* » und auge um auge / aspik um gelee / hier zeigt sich, wer kämpfen kann / hurraaa «

Wirklich ist,
was sich träumen läßt.
Elazar Benyoëtz

beziehungswaise

» bist du gegangen
könntest du immer noch kommen
selbst dein ausbleiben
wäre aussicht darauf «

Die Farben sind schwer zu beschreiben.
Franz Marc

bildpferde

blaue …

gelbe …

rote …

Hope dies last.
Studs Terkelkutsch

I'm dreaming of a white Christmas.
Irving Berlin

bingabingabing

get us dope
for the fest

24.12.20

Mein Aug steigt hinab
Paul Celan · *Corona*

A man who sits by the window of a train
owns an ersatz wisdom.
He knows that everything passes.
Stephen Marche · *The Hunger of the Wolf*

blutmüd
(und leis wie im traum)

kerbst du das blatt mit der faust
und die weinschale … spiegelt den baum

das meer … es prahlt im gluttoten mond
und im mund (im kuß) verglüht ein stein

wut oder nicht – du quälst die heißzeit
aus flutschmärzlichem muß – – –

lehr ›sie‹ das land sehn (die lein/wand) das : licht
zeit malt herbst mahlt zeit … (igelt s/ich ein) –

…

zeit daß man :

Er fand das alles lächerlich, …
Rolf Dieter Brinkmann

Lesen Sie es,
dann wird Ihnen einiges klarer werden.
Arthur Honegger · *Freitag*

But it's something that I must believe in.
John Paul Young

camouflage

dove is
in the air

Love! What is love?
It's nothing. It's just a word.
Oscar Wilde

Liebe ist nur ein Mord.
Christine Grän

Liebe ist nur ein Sport.
Lothar M. (in den Mund gelegt)

chauvi

liebe ...
reine : bücksache *

---

* Am Rande notiert (für Bensch und Kraus), bevor es im Sande verläuft : Nicht jedes Gedicht muß dringend die Gesinnung des Verfassers aussprechen. (Freilich, das sei hier doch unverblümt eingeräumt, ein solcher Übermuterguß ist – *naturgemäß* – nicht unbedingt jedermanns Sache.)

D ∘ E ∘ F

D vermittelt den dünnen und scharfen laut T mit dem gehauchten TH.

E, ein unursprünglicher, darum auch schwankender, unbestimmter vocal, der in unsrer sprache allzusehr um sich gegriffen und ihren wollaut beeinträchtigt hat.

F seiner gestalt nach digamma (doppeltes g), welches semitischem vau, also der spirans v gleich gesprochen wurde, wie auch lat. v häufig für gv, goth. q, ags. cv steht (vivus für guivus, goth. qius, venire für guenire, goth. qiman, ags. cveman), inlautendes goth. gg, ggv gern dem v entspricht (triggvs, bliggvan = ahd. triuwi, pliuwan; tuggô für tuggvô = lat. lingua, dingua).

Jacob und Wilhelm Grimm · *Deutsches Wörterbuch*

Ich erinnere mich,
daß ich manchmal auf dem Fensterbrett saß
und in die klirrende Kälte hinaussah.
Alois Brandstetter · *Vom Schnee der vergangenen Jahre*

damit lockt man keinen hund …

hinterm ofen
[bald aus …]
hockt kraus

und der winter
läßt ihn
(versuchs:weis)

kalt

So, thought Septimus,
they are signalling to me.
Virginia Woolf · *Mrs Dalloway*

und immer so weiter
und fort
Michael Krüger

dauerarbeit

d-e-p-r-e-s-s-i-o-n

Die meisten Menschen haben einen Schnupfen.
Jakob van Hoddis · *Weltende*

den hut verlieren

» und ...
an den küsten
– liest man –
steigt die flut «

Poetry makes nothing happen.
W. H. Auden

Jedes gute Gespräch sollte
ein Monolog zu zweit sein …
Fernando Pessoa · *Das Buch der Unruhe*

Lieber lügen als kurze Beine.
Frank Sauer

dia---log

was

– – –

– – –

(nichts) *

---

* *Er begann zu lachen.* (Raymond Queneau · *Mein Freund Pierrot*)

Auf der Straße tut sich nichts.
Andreas Fischer

Ich fege den gestrigen Tag zusammen.
Rainer Wedler

die kunde vom :
alpha … beta … gamma … delta … om …

ja —— da ist sie
(*wenn nicht jetzt*
fragt kraus
in die runde
wann dann) :
DIE gelegenheit
für die

hauszeit

While he lived a violent life in his imagination,
Eva, lacking any imagination at all,
lived violently in fact.
Tom Sharpe · *Wilt*

manchmal knistert's …
Rolf Herrmann · *im störgarten*

wäre da nicht ein du das
sein dur sucht …
Albert Ostermaier · *Teer*

doll

sie fühlt
sich nie

(wie … wie …)

ganz hohl
in ihrer
haut

When the music's over
Turn out the lights
Jim Morrison

doors wide shut

…

dreaming

… …

(in a gadda da vida)

… … …

dreaming

… … …

butterfly

… …

(screaming)

… *

---

* *As I look back across the years I realize how unreal it seems.* (H. P. Lovecraft)

Gestern läutete es an der Wohnungstür.
Asko Sahlberg ·
Die Stimme der Dunkelheit

Als er das Wort ›Leben‹ dachte,
mußte er eine Grimasse schneiden.
Reinhard Federmann ·
Das Himmelreich der Lügner

Ich bin nicht Stiller.
Max Frisch · *Stiller*

doppelleben

(aus einem fragmentarischen lagebuch)

leben

\+

leben

ha

Die Wörter verschwimmen
vor seinen Augen.
Kurt Palm · *Der Hai im System*

dreisprung

liebe

macht

kind

Hier wird gelebt, genossen und verreckt.
George August Goldschlag

echter märzenswunsch

gemütlich
spachteln – – –
wie die beiden

›alten‹ * ›schachteln‹ * *
sich m-i-n-ü-t-l-i-c-h
(und mit:fühlend)

mit achteln punsch
hinunterspülend
an k:nackig kalten

wachteln
wendig wühlend
gütlich tun * * *

4.3.21

---

* *Forgive me* : No offense intended.
* * Dito.
* * * unzweifelhaft / das blütchen / kühlend

Mählich durchbrechende Sonne /
Schönes, / grünes, weiches / Gras.
Drin / liege ich. / Inmitten
goldgelber Butterblumen!
Arno Holz

eierpusch

dem

werd ich

was

pusten

Ich habe ins nasse Gras geschrieben
mit meinen Fingern, und … :
FM

ein lied wird gesummt

die *sprache* b:lieb
bis zum ende : forsch
(der leib bloß der leib
der leib war – – – m/o/r/s/c/h)

in memoriam friederike mayröcker (1924 – 2021)

Das Einfache ist schwer, womöglich das Schwerste überhaupt. Was aber schwer ist, das ist nicht leicht.

Hannes Böhringer

What is it else?

Romeo Montague

ein mädchen

junge junge *

* mann – o – mann

Zilia zuweilen sehr kalt,
dann plötzlich innig.

…

In jedem Kinde liegt
eine wunderbare Tiefe.
Robert Schumann

einsilbig

…

mild

…

w i l d

…

Sachen mit Fett
erheben einen großen Anspruch
auf Theorie.
Joseph Beuys

f:eine vorsichtsfraßnahme

butter

in der

porzellan

kiste

Sieh, das Gute liegt so nah.
Goethe

fluchen

und :

das

w e i t e

suchen [*]

---

[*] puste : kuchen …

We're friends to the bitter end.
Robert and Richard Shermann

Mensch Meier …
Jörg Fauser · *Die Tournee*

fraßvogel selbviert

(vulture culture)

buzzy

dizzy

flaps and

ziggy

Die beste und sicherste Tarnung ist immer noch
die blanke und nackte Wahrheit.
Das glaubt niemand.
Max Frisch

fremddiagnose

ohne hemd und ohne
hose

e r k a n n t e n s i e
e i n a n d e r

(lose)

I'm just a hairy guy.
Galt MacDermot

frisöre verboten

kamm drüber

2.2.21

Das kleine Format
ist seine Sache nicht.
Adrienne Braun

frittengemälde

claes oldenburg :
shoestring potatoes, spilling from a bag
canvas filled with kapok
stiffened with glue
painted with acrylic
274.3 x 132.1 x 101.6 cm
(1966)

20.12.20

G ∘ H ∘ I

G, der gelinde stumme kehllaut (gutturale media), die mitte einnehmend zwischen dem härteren kehllaut, K (gutt. tenuis), und dem mit hauch gesprochenen, Ch (gutt. aspirata).

H ist der jetzigen hochdeutschen sprache theils der reine hauchlaut (*das h ist ein scharpffer athem, wie man in die hende haucht* ICKELSAMER *gramm. B 1a*), theils hat es gar keinen phonetischen wert mehr, insofern es (z. b. in sehen, wehen, ziehen, blühen, hoher, floh) stumm geworden ist, theils steht es oft nur als zeichen der dehnung eines vocals, nicht einmal mehr mit etymologischem werte.

I, der höchste unter den vocalen, nimmt im griechischen, lateinischen und deutschen alphabet die neunte, im gothischen die zehnte stelle ein, wie sich aus seinem werth als zahlzeichen ergibt. in dem nordischen runenalphabete steht sein zeichen an neunter, in dem erweiterten angel-sächsisch - gothischen runenalphabete an elfter stelle.

Jacob und Wilhelm Grimm · *Deutsches Wörterbuch*

Der Epoche, gesenkt in die Erde,
Erklingt überm Grabe kein Chor.
Anna Achmatowa

gefechtskrank

(und der rubel grollt)

· g·r·i·s·c·h·a · w·a·d·i·m ·

· r·u·v·i·m · s·i·l·a ·

· a·l·e·x·e·j · t·a·r·a·s ·

· u·l·a·d·i·s·l·a·u ·

· s·e·r·g·e·j · d·e·s·y·a ·

· a·l·j·o·s·c·h·a · p·i·o·t·r ·

· m·i·k·o·l·a · o·l·e·g ·

Ferdinand sagte leise: »Ich bin nicht der, von dem alle glauben, dass ich es bin. Ich bin ein anderer!«
»Ich auch!«, flüsterte ich ergriffen,
»ich bin auch ein anderer!«
Joachim Meyerhoff ·
Wann wird es endlich wieder so, wie es nie war

Saß im Zimmer und machte nichts
Bert Brune

Donnerstag: jemand, der ich sein könnte,
liegt vor dem booth-memorial
im eigenen erbruch, …
Ulf Stolterfoht

Je est un autre
Arthur Rimbaud

geh mir weg –

›ich‹

ist

ein

wanderer

Die Kunst mag ein Spiel sein,
aber sie ist ein ernstes Spiel.
Caspar David Friedrich

»What is it?«
»I don't know. A willow.«
Samuel Beckett · *Waiting for Godot*

»This is Fantasy Finance.«
Sebastian Faulks · *A Week in December*

geldanschauung
(eine abstrahlung)

erhart sichter :
zwei … ›penner‹
in betrachtung
des euro
öl auf leinwand
133 x 244,5 cm
(2002)

Unser Leben währet siebzig Jahre,
und wenn's hoch kommt, so sind's achtzig Jahre,
und wenn's köstlich gewesen ist,
so ist es Mühe und Arbeit gewesen;
denn es fährt schnell dahin,
als flögen wir davon.
Psalm 90:10

Über die Narben
streicht, wirklich, manchmal, der Zweig
eines Brombeerstrauchs, …
Werner Söllner

gesellenglück

in

die

leere

gehen

Die Fliege setzt sich auf das Geschriebene,
liest es und fliegt weg, als hielte sie nicht viel davon.
Sie ist der anspruchsvollste Literaturkritiker.
Ramón Gómez de la Serna

gleichwohl

verbucht
bensch
[in verhörenden zeiten] :

dem lesen
gute seiten
abgewinnen

This is life!
Malcolm Lowry ·
Under the Volcano

gluterguß

hunga
tonga
hunga
ha’apai

Immunität ist die Unempfindlichkeit des Körpers
gegenüber Angriffen von außen.
Öffentliches Gesundheitsportal Österreichs

gute tat
(kurzcheck)

immunität
landet im dreck

wird bald schon
aufgehoben

And so they sat in their coats,
clutching each other
while their little scented candle
flickered in the draught, …
Iain Banks · *Whit*

hail man
(oder : was ist los …)

nicht bloß
im winterland
wird die welt
mit wettern
z·u·g·e·h·a·g·e·l·t

Marc Aurel wieder lesen.
Hans Bender · *Gute Vorsätze*

Curiously enough,
one cannot read a book;
one can only reread it.
A good reader, a major reader,
and active and creative reader
is a rereader.
Vladmir Nabokov

hänsehaut

›pur‹ :

wiederlesen

auf meine art

1. Juli 2022

Heute wird sich nichts verfinstern,
wird kein Gottesnerv aufblitzen am Himmel.
Walle Sayer

Die Luft ist voll von deinem Duft!
Klabund

heugierig

seit tagen
macht hoch gaya sich :
b - r - e - i - t

vorgestern
wurde viel gras
geschnitten

und gleich
geh ich raus :
in die wiesen

Ich konfrontiere mich mit dem kühnsten Kältegrad,
den das Denken für wahr und akut, im äußersten Sinne
gotteserbärmlich lächerlich nimmt …
Thomas Bernhard

Der Mann hat sich selber als Lustobjekt entdeckt
und wartet nicht mehr darauf,
daß Mutti ihn anzieht.
Wolfgang Joop

hodenfrost

wen
wundert's …

bei den
›unterhöschen‹ *

* so hat / eben jeder / sein säckchen / zu tragen

Ich stelle mir vor :
Max Frisch

hoppelleben

mein name
sei hase

They were bellowing in a language
he didn't need to understand
in order to understand.
Nadine Gordimer · *Keeping Fit*

hundart

wow

O, beware, my lord, of jealousy;
It is the green-ey'd monster, which doth mock
The meat it feeds on.
William Shakespeare · *Othello*

Camp is … a quality
discoverable in the behavior … of persons.
Susan Sontag · *Notes on »Camp«*

iago
[oder : das tapfere neiderlein]

kommt
neid
kommt
tat

Ich wollte die Lüge auflösen,
zögerte einen Moment zu lange,
bis ich selbst dran glaubte,
dass der Traum die Realität verändert hatte.
Doris Konradi · *Aber die Insel*

Das ganze Geschichtenerzählen
ist ein einziger Betrug.
Harald Martenstein · *Heimweg*

Das war schon alles.
Pierangelo Maset · *Laura*

ich verstehe …

» der satz
ICH VERSTEHE
ist immer
eine lüge «

»Do people know what they want themselves?«
Joanna Trollope · *The Choir*

›ich‹ – weiß – ›es‹ :

wollen :

wollen :

wollen :

wollen :

Ein Mann, der die Wahrheit will, wird Gelehrter; ein Mann, der seine Subjektivität spielen lassen will, wird vielleicht Schriftsteller; was aber soll ein Mann tun, der etwas will, das dazwischen liegt?

Robert Musil · *Der Mann ohne Eingenschaften*

ich wolkenstein

toll

:

kühn

Ich war der erste Mensch,
der fliegen konnte, das hatte ich soeben entdeckt.
Es war die einfachste Sache der Welt.
Marlen Haushofer · *Die Mansarde*

Fly, robin fly
Up, up to the sky
Stephan Prager

But I bet you didn't think
that they would come crashing down.
Justin R. Timberlake

im fall des falles

if at first
you don't
succeed :

f l y
a n d
f l y

(again) *

---

* *Deep down, I don't believe it takes any special talent for a person to lift himself off the ground and hover in the air. We all have it in us – every man, woman, and child … You must learn to stop being yourself. That's where it begins, and everything else follows from that.* (Paul Auster · *Mr Vertigo*)

Stupid is as stupid does.
Forrest Gump

in der heißen hölle

schwitzen
die spacken
(im nacken)

zu sitzen zu denken zu schlafen zu träumen
zu schreiben zu schweigen zu sehen
Friederike Mayröcker

› *irgend... wie* ‹ *(wo) : ab——wesend*

o : in unrichtbarem feinen fremden land wippen – bei
winterhofsonne – lippenlose leichmänner in munter-
bunthemden gelduntergangsstimmung einfach mal weg
ich schleich gebückt mit längst schon kneifenden waden
im kindschatten des platten reifens durch die stummen
arkaden weich an den sandrändern der glatten gassen
kolossal lockenden plakatständern aus du zwängst dich (hinter
dem kleinen haus) v-o-r-b-e-i an der arglos o f f n e n
mülltonne voll von satten maden NATUR PUR brüll ich
vom matten eichblatt ab:lesend WELTVERSCHWENDUNG
NOTVERMEHRUNG (*die wörter wollen / aufgeschrieben
werden / weiter nichts* ruft's aus dem nassen untergrund)
ich reich dem einen mädchen das flieht mich nicht sieht
die hand mit strauß den du fängst versteck mich hinter
der › krassen ‹ dummen krum$_{\text{men}}$ brennwand und bleck
und s-t-r-e-c-k und reck : die reinen – rockenden – rippen

1. september 22

J ∘ K ∘ L

J : Während das gothische alphabet für den halbvocal J an 15. stelle ein eigenes zeichen geschaffen hatte, drückten noch die viel späteren ober- und niederdeutschen, sowie nordischen handschriften, die das lateinische alphabet angenommen, nach dessen brauche j durch i mit aus, soweit sie nicht auch g dafür verwendeten. erst seit dem 15. jahrhundert läszt sich der gebrauch eines eigenen buchstabs für den halbvocal in den anfängen nachweisen, und zwar zunächst nur für die minuskelschrift.

K, der harte stumme kehllaut, die gutturale tenuis; sie nimmt, wie ähnlich die beiden andern tenues P und T an ihrer stelle, zwischen der media G und der aspirata CH, ihren genossen im kehlbereich, die mitte ein, so dasz sie unter umständen mit éinem schritte in jedes von beiden übergehn oder daraus entstehn kann. genauer läszt sich von dieser ordnung sagen, dasz K über seinen beiden kehlgenossen steht, es übertrifft sie an härte und dichte, daher an haltbarkeit und geschichtlicher dauer.

L : Das deutsche L steht anlautend, inlautend und auslautend.

Jacob und Wilhelm Grimm · *Deutsches Wörterbuch*

Is it just me, or is it getting crazier out there?
(Madness is like gravity. All it takes is a little push.)
Heath Ledger as Arthur Fleck

joker

wit
happens

Und was war es eigentlich hier,
jenes sonstige Leben?
Franz Kafka

Ich riß in zwei Blätter Sehschlitze,
legte die Blätter auf meine Augen
und lugte in die Welt.
Josef Einwanger

Und als ich aufsah, war sie nimmer da.
Bertolt Brecht

jungenhaft

[eine verinnerung]

ungeheuer oben
die spitzen

von bäumen
ritzen

und sich
aus dem

weg
träumen

»Bei uns hängt das Fleisch länger als anderswo,
es wird deshalb zarter.«
Dominik Stolzer

If you get hungry enough, they say,
you start eating your own heart.
Margaret Atwood · *The Blind Assassin*

And so it goes ...
Kurt Vonnegut Jr. · *Slaughterhouse-Five*

kalbtraumzeug

(der kracher)

wiener schnitzel
in der roten bar
(im sacher)

Übrigens erzähle ich ja einen Traum.
Hans Erich Nossack · *Nekyia*

keiner sieht es …

doch ich höre im gedrängel aus der gruft kein krachen n e i n ich höre stimmig ›schöne‹ töne hach wie die klingen in stücken von beethoven bruckner dvořák schubert … schier aus dem abstrusen nichts fliegen mehr als vierfünf vögel in die ersten verse des gedichts … waren das etwa … neinnein das sind rotrückenwürger die da rauschen und rufen : »sehr selten / schweben wir / wie eben / über den welten / der kalten kelten« … rasch blättre ich im *27. september* der sich immer noch breit im zimmer macht und lese weit und immer weiter : *ich habe keinen stein ins rollen gebracht* … ein mädchenkind lacht mit tollen struppig rotgezopften haaren ein singen von haus und apfelschimmel es sieht durchs fenster → im fernen himmel schwarzes licht dada dante nein nein keine bange engel tauben musen fische nicht beteuert schlau die göre : »schau – besten festen posten steht bloß die wasserschlange« … was ist los geschieht hier in stufen ein wörtermitwörternvertauschen »bahai · bohei · buhai« feuert ruppig rauer drachen mir in den eiterrachen und zieht leine frische bürgerhorden mit rüden notgeschopften konfusen katzenfratzen dringen von westen süden osten norden ein in unzeit rauben raum … noch kaum eine ›gute gelegenheit‹ raune wettre ich grimmig blute regen im mund bin blind von blauer luft und staune

Sali hob Vrenchen hoch empor …
Gottfried Keller

Das Grauhvieh-Kleinrind ist frühreif.
Patrimont.org

Heimgesucht
Nora Gomringer

keinkindspiel auf dem dorfe

[ein z-e-r-r-i-n-n-e-r-n]

kater

butter

rind

Keinem Menschen kann etwas begegnen, was nicht Menschenschicksal wäre, so wenig als dem Stier etwas begegnet, was nicht seiner Stiernatur, oder der Rebe, was nicht ihrer Natur, oder dem Stein, was nicht seiner Natur angemessen wäre. Wenn nun jedem begegnet, was gewöhnlich und natürlich ist, was willst du darob murren? Denn nichts Unerträgliches hat ja die Allnatur über dich verhängt.

Marc Aurel · *Selbstbetrachtungen*

Red dir immer ein:
Es könnte schlimmer sein!

Wise Guys

klugbeißer

piranha

Messe nicht mein Korn mit deinem Scheffel.
John Gay

I'm desperate for a drink.
Richard Berengarten ·
Scattered, my books

Kimme, Korn – ran!
Lou van Burg

korn im auge

na dann :

prost

Shit happens.
Carl Werthman

kotlösung

d·i·a·r·r·h·ö

Und das übrige Gott überlassen.
Goethe

krott und kröte

und
jetzt und jetzt
und
jetzt und jetzt :
leben und leben

hassen *

* … *und zurück in die Stille der Gedichte* … (RDB)

Uns gehört nur die Stunde.
Und eine Stunde,
wenn sie glücklich ist,
ist viel.
Theodor Fontane

Wacht daher beharrlich,
denn ihr kennt weder den Tag
noch die Stunde.
Matthäus 25:13

kunst der stunde

runde

um :

r·u·n·d·e

Mit Quadersteinen
Wege vermauert,
Pfade gekrümmt.
Jeremias 3:9

lagelied

aussichtslos
für das
völkerlachtdenktmal

It is midnight.
The rain is beating on the windows.
Samuel Beckett · *Molloy*

Beinahe.
JD

l–a–b–o–r–w–u–r–m

im

sturm

vor

der

ruhe

Was glaubt ein Hahnrei nicht alles,
wenn er es glauben will.
Erich Maria Remarque · *Der schwarze Obelisk*

leichenschmaus –

und immer noch
schwärmt er (schwärmt er …) :
von ›seiner‹
kesseren hälfte …

Es gibt ein Vergessen alles Daseins,
ein Verstummen unseres Wesens,
wo uns ist, als hätten wir alles gefunden.
Friedrich Hölderlin

Listen to the silence
inside the illusion of the world.
Jack Kerouac

l o s w o r t

w·o·r·t·l·o·s

M ∘ N ∘ O

M : die gemination mm ist altberechtigt in brummen, summen, schwimmen, amme, hamme, ramme, rammeln, stammen, stamm, schwamm u. a., in fremdwörtern wie summe, flamme, mammon; als zeichen der kürze des ihm vorhergehenden vocales gesetzt in hammel, hammer, himmel, kammer, kümmel, kummet, kommen, nimmst, nimmt, kommst, kommt, genommen, gekommen, imp. nimm! komm! in der ältern sprache, wo die kürze des vocals in nehmen durchaus noch bestand, ward auch nemmen geschrieben: nemmend war (gebt acht).

N ist der vierzehnte buchstabe unseres alphabets, gehört zur gruppe der sog. flüssigen und berührt sich vielfach mit m, aus dem es oft entstehen und wie dieses im in- und auslaute sonantisch werden, d. h. verklingen und aus- oder abfallen kann, wovon weiter unten gehandelt wird.

O, der fünfzehnte buchstabe unseres alphabets, dessen ausführliche behandlung in bezug auf ursprung, quantität und vertretung anderer laute sache der grammatik ist, auf die hier unter hervorhebung des wichtigsten nur verwiesen zu werden braucht.

Jacob und Wilhelm Grimm · *Deutsches Wörterbuch*

Messer liegen herum.
Ulrich Schacht ·
Bell Island im Eismeer

Das haut mich natürlich um.
Christian Kracht · *Faserland*

macht

eine

gute

figur *

---

* NUR : *Palmströms Uhr ist andrer Art, / reagiert mimosisch zart.* (Meint, von fern, ein gewisser Herr Morgenstern …)

Radikale Reduktion / betonte Kœrperlichkeit
A. J. Weigoni

gliding round and round the pillars
Charles Dickens

Man muß mit den Wölfen heulen
Mhdt. Idiom

machteulen

keulen
nach athen
tragen

und sich
beulen
holen

An der Fassade lehnt die Sackkarre
und blickt nach China
Guy Helminger

This is how it is.
Gao Xingjian ·
Soul Mountain

make news

s^{c}$_{h}$*u*^{l}d
und andere
w:orte
über
feinen
schlamm
kehren

Between the idea
And the reality
Between the motion
And the act
Falls the Shadow
T. S. Eliot · *The Hollow Men*

Wer sich beständig ausschlußweise
mit den Büchern beschäftigt,
ist für das praktische Leben
schon halb verloren.
Johann Gottfried Seume

man alive –
on the brink of articulation

während

ich s-c-h-r-e-i-b-e

höre ich

(manchmal)

schatten *

---

* *der schatten ist meine / zweite haut* (Albert Ostermaier · *Teer*) /// *»Verzeihen Sie mir die freilich kühne Zumutung. Sollten Sie sich wohl nicht abgeneigt finden, mir diesen Ihren Schatten zu überlassen?«* (Adelbert von Chamisso · *Peter Schlehmihls wundersame Geschichte*) /// *I have no house, only a shadow. But whenever you are in need of a shadow, my shadow is yours.* (Malcolm Lowry · *Und the Volcano*)

»The hell with the rabbits.«
John Steinbeck · *Of Mice and Men*

mausordnung

ist die katze
aus dem haus
t$_a$n^{z}e$_n$ die mäuse
auf dem tisch

Sobald man ein Ei ansieht,
ist es die Erinnerung an ein Ei.
Clarice Lispector · *Die Henne und das Ei*

Alles muss gleichzeitig passieren, so ist das Leben, und es ist egal, ob die Dinge, die passieren, gut sind oder nicht, monatelang passiert gar nichts, bis sich alles auf einen Schlag entlädt, bis wieder alles übereinander purzelt, ein gewaltiger Umschwung erfolgt, bevor eine neue Ruhe einkehrt und die nächsten langweiligen Monate bevorstehen.
René Hamann · *Schaum für immer*

Ich bin sowieso nicht gut mit timings.
Hannah Herzsprung als Leni Reimann

mit merzschwung

in ein
rohes scheues –

ei ei ei …

Die ökonomische Charaktermaske des Kapitalisten
hängt nur dadurch an einem Menschen fest,
daß sein Geld fortwährend als Kapital funktioniert.
Karl Marx

Wohl dem, welcher ist vergnügt,
wie sich sein Verhängnis fügt.
Paul Fleming

monopoly

[auf dem weg ins → gefängnis]

ohne

los :

nix

moos *

---

* Klar kontert Konrad Kraus (krude kalauernd) : *kauftüchtiger tatendrang / führt sandhäufig / zu ratenzwang*

Und rund um uns liegt
die blühende Wiese.
Erich Maria Remarque ·
Im Westen nichts Neues

morgen

grauen

Ich komm nicht heraus aus dem Mund,
ich komm nicht heraus
Andrea Heuser

… und es ging
eine Verheißung davon aus
Dominik Dombrowski

mundnot

auf den hund gekommen
wie er ins gras scheißt

Arme voll kleiner Federn
Karin Fellner

und ein gewaltiges irisches Grün
[…]
dringt herein
bis in die letzten Winkel
Wolfgang Bittner

mutschrift

gutschrift

Wie oft stand ich wortlos …
Rike Scheffler

nach der flut : ›sein‹ …

…

trudelndes … *treibgut* …
(: ortlos … schlingern …

…

trauerauftrag –
›wut‹ – be---fingern …

…

s · p · r · u · d · e · l · n · d · e · s
s · c · h · r · e · i · b · b · l · u · t

…

noch :)
stärker als stein …

…

Unbemerkt waren die Grillen mit feinen Pinzetten ins Klassenzimmer gelangt, hatten ihre Lockerungsarbeit begonnen, sie klaubten den Schülern steifgelernte Sprachgelenke aus den Ohren, sie lockerten Schräubchen, stahlen Fälle und Fehler, um damit ihre Nester zu befestigen. Der Lehrer teilte einen Text aus, den die Schüler laut vorzulesen hatten, der Reihe nach. Es war Wolfgang Borcherts »Schischyfusch«. Sie lasen eine Strecke, die von Sprachschöpfungen und rhythmischen Doppelungen überquellen wollte, die Heiterkeit übertrug sich, steigerte sich mit jedem Verstolperer. Die Grillen hatten Sprachverspannungen gelöst, die kaltgelernte Sprache zerpflückt, jedes Falsch, jedes Richtig, an das sie bis anhin geknüpft war, sie räumten die Gehörgänge frei. Die Sätze berührten den Sprachnerv. Plötzlich war Deutsch ein Vivarium. Die Grillen schlugen dazu ihre feinen Glöckchen und ihre halmdünnen Schlaghölzer.

Peter Weber · *Die melodielosen Jahre*

naturgesäß

das sprache
vergendert
sich

erinnerst du dich als wir in den
wald gingen …
Albert Ostermaier · *Teer*

Der Wald links vom Weg nahm kein Ende.
Eginald Schlattner · *Schattenspiele toter Mädchen*

Einfach im Wald sitzen
und Seitenblicke – des Waldes wegen – wagen.
Karl-Friedrich Hacker

Hier, nimm
diesen Zweig. Er ist voller Wälder …
Jürgen Nendza · *Auffliegendes Gras*

ich muss in den wald, denke ich.
Lena-Marie Biertimpel · *Luftpolster*

natürl---ich

[unter : vor-be------------halt]

mo

du bist (nicht) alt –
geh in den wald

di

dir ist (nicht) kalt –
geh in den wald

mi

du gehst sehr bald –
geh in den wald

do

es hat geknallt –
geh in den wald

fr

genug asphalt –
geh in den wald

sa

hör wie es hallt :
geh --- in --- den --- wald

so

hast du's geschnallt –
GEH — IN — DEN — WALD *

---

* *Der wilde Wald ist wie gemacht, den Menschen zu gefallen.* (Isabel Fargo Cole : *Die grüne Grenze*)

In jenem Moment, in dem ich zwei Dinge erblicke und ich den Raum zwischen ihnen erkenne, dringe ich in diesen Zwischenraum ein. Wenn die zwei Dinge gleichzeitig vernichtet werden, glänzt in diesem Zwischenraum die Wirklichkeit.

Vijnana Bhairava

Something of the unreal is necessary
to fecundate the real.

Wallace Stevens

Die einzig wahre Geschichte
liegt im Ungesagten.

Norbert Scheuer

nautische legende

suchstäblich
unterkrauchen
um die leere
zu beweisen

Ohne die Grausamkeit einer Bedeutung
schleicht das Licht aus der Gardine
Jürgen Nendza

Wer jetzt kein Haus hat, baut sich keines mehr.
Rainer Maria Rilke

nebelung

die bäume
machen sich
aus dem
l · a · u · b

Nun merk' ich erst, wie müd' ich bin …
Wilhelm Müller

Vor Schuberts Musik
stürzt die Träne aus dem Auge,
ohne erst die Seele zu befragen.
Theodor W. Adorno

nein – kein bißchen …

müd' –
nein :
ihm fallen
die lieder zu

Alles Wissen,
die Gesamtheit aller Fragen
und alle Antworten
sind im Hund enthalten.
Franz Kafka

Schlagt ihn tot, den Hund!
Es ist ein Rezensent.
Goethe

nekrolog

es ist wahr :
er hatte
eine fläche
für bücher

Mi trema un poco il cor.
Zerlina

… nur blindes Klischee, leer, hohl.
Helbig

nicht wahr

jesses : juan
fühlt sich
mal wieder … ›sehr‹ …
wohl
(in seiner braut)

Die Musik steckt nicht in den Noten.
Sondern in der Stille dazwischen.
Wolfgang Amadeus Mozart

Nichts im Leben hätte auch nur den geringsten Sinn,
wenn es den Tod nicht gäbe.
Wolfgang Hildesheimer

The music ended only because all music ends.
Stephen Marche

notenstille

um ein uhr nachts
im kleinen kayserhaus
in wien
am 5. dezember 1791

Ich habe das alles gesehen erlebt
Paul Hubrich

nur alter kaffee

kaum leer … dehnt sich — weit — der hof
derweil platzt unvermutet die vase
bald machen sich noch mehr lachen breit
bären leiden : leiden schwer
brüllen wild nach dicken beeren
kalt klimmt (und schwatzt) der fuhrmann
in den grellwachen schaltertraum
mit doch sehr gemeßner miene
schneiden sich schamlos die meister
schnell verschwimmt die spur
vom bild der schicken undine
flattert ginstrer falter im zwie…spalt be:geistert davon

Én itt cserép-esöben ázom.
Ágnes Nemes Nagy

In einem verwüsteten Wohnzimmer
war ein Aquarium unversehrt geblieben.
Norbert Scheuer · *Am Grund des Universums*

Now, the rain lashing down at the walls of the tent like a Biblical Plague, his guts turned to ice and his face on fire, he lies back on the sweat-soaked litter suspended between a pair of battered crates while a raven caws in the distance and black beetles crawl up his legs and whir in his face.
T. C. Boyle · *Water Music*

o – je – nachdem

ist

wasser

keine reine

geschmacksache

Mit dummen Fragen fängt jede Revolution an.
Joseph Beuys

… , just another arrow in the quiver.
Steve Martin · *The Jury*

offenmerzig

[mit der bitte um pfandwort]

fragt sich
peer quer

noch und nöcher :
was wären

köcher
ohne löcher

»It's sort of what we have instead of God.«
»Some people have God,« I said. »Quite a lot.«
»He never worked very well with me.«
Ernest Hemingway · *The Sun Also Rises*

Tritt auf ein Gott (kommt wohl
auch ungerufen), …
Vera Schindler-Wunderlich

Da ließ Gott, der Herr,
einen tiefen Schlaf
auf den Menschen fallen, …
Genesis 2,21

o·g·o·t·t·o·g·o·t·t

der

rippenzieher

L'architecture de l'œuvre, si transparente au premier coup d'œil qu'elle n'appelle aucun commentaire, explique narre sur plusieurs plans simultanés une histoire en réalité fort complexe, et à laquelle il lui faut donner un dénouement.
Claude Lévi-Strauss

Everyone always is repeating the whole of them.
Gertrude Stein

ohrsturm

b o l é r o

b o l é r o

b o l é r o

b o l é r o

b o l é r o

b o l é r o

b o l é r o

b o l é r o ... o ... o ... o

Das bin nur ich. Wenn ich es bin.
Reinhard Federmann ·
Das Himmelreich der Lügner

ostinater wolkenkuckucksreim

» ich sehe mich
mit vorliebe
in ruhestellung
sitzend
untätig «

P ◦ Q ◦ R

P, der harte lippenlaut, der sechszehnte buchstabe unseres alphabets, über den schon bei b th. 1, 1049—1055 ausführlich gehandelt worden ist, womit noch Weinholds beobachtungen in alem. gramm. § § 148—154 und bair. gramm. § § 121—123 zu vergleichen sind.

Q : die schon im (fränkisch-)ahd. auftretende schreibung qu ist dem lateinischen alphabet entnommen (q ist kein teutscher buchstabe. Weise erzn. 66 neudr.) und entspricht dem goth. doppelconsonanten kv d. i. kw (wofür Vulfila ein einfaches, in der transscription gewöhnlich mit q wiedergegebenes schriftzeichen hat, ähnlich wie für das dem lat. qu etymologisch entsprechende hv), das sich im ahd. regelrecht zu chw (chuu, chu, qhu, quh, qu, s. gramm. 12, 196. Braune ahd. gr. § 144) verschiebt, im mhd. und nhd. aber vollständig auf die stufe der ersten lautverschiebung zurückkehrt …

R, der siebzehnte, oder wenn man nach neuerer weise I und J als zwei zeichen zählt, der achtzehnte buchstabe unseres alphabets, mit l, m und n die gruppe der flüssigen (semivocales) ausmachend. über seine verwandtschaft zu l vergl. theil 6, sp. 1. sein laut ist mit dem knurren eines hundes verglichen und ihm der name des hundsbuchstaben gegeben worden, lat. litera canina, und danach bei Ickelsamer: das r ist der hunds buchstab, wie jn Persius nennet, wie der murret.

Jacob und Wilhelm Grimm · *Deutsches Wörterbuch*

Der Obergefreite konnte sich nicht mehr
in seinem Grabe umdrehen,
da er überhaupt keins besaß.
Gert Ledig · *Die Stalinorgel*

personenschuld

und in den
katakomben
erwartet man die
b
o
m
b
e
n

Flying is learning
how to throw yourself at the ground and miss.
Douglas Adams

Die Bäurin, die Mägde, sie dürfen nicht ruhn.
Kinderlied

pflugangst

im märzen
der bauer
kein rößlein
einspannt (*)

* (oder : hat er / bloß schmerzen / ist – au – aus- / gebrannt …)

Mein schönes Fräulein, darf ich wagen,
Meinen Arm und Geleit Ihr anzutragen?
Goethe · *Faust*

postmoderner freier

wer betören will
muß spülen

Look for the bare necessities
The simple bare necessities
Forget about your worries and your strife
I mean the bare necessities
That's why a bear can rest at ease
With just the bare necessities of life
Balou

pro---bier's mal mit besinndichheut

›himmel‹ schreiende heimsuchung
diesiger wälder und schneewiesen

ob man wohl
fündig wurde – – –

Epiphanias 2021 *

* *Clara Viebig schlägt / sich ins Unterholz.* (Axel Kutsch · *Ein Hirsch läuft Amok*)

Herr, gib mir die Kraft, alles zu tun,
was du von mir verlangst.
Augustinus

Everything means something other than it seems.
Muriel Spark

qual der wahl

und

der arme p.

twitterte

vor

angst

In seinen Armen das Kind war tot.
J. W. Goethe · *Erlkönig*

rappenduster

» wer reitet
so spät
durch nacht
und wind «

Nichts ist mehr, wie es war.
Helmuth Frauendorfer · *Abendweg*

regenwetter

bensch (ALL IN) :
» regen bringt segen «

quer – hält dagegen :
» von wegen «

Na ja.
Harald Gröhler ·
Kleppermühle

Dies ist ein Reim, doch ein Gedicht
Ist, was sich reimt, noch lange nicht.
Oskar Loerke

reimspiel

reimstärke
reimvorteil

reimniederlage – – –
r·e·i·m·
w
.
e
.
h

Ach!
Goethe

Ach was!
Jochen Arlt

reimtücke

lachmann rät :
mut zur

lü   cke

and walking carefully up on my poetry
at the loneliest moment of an afternoon
Ted Kooser

replik

rehblick

Die Knochen behandle ich als einen Text,
woran sich alles Leben und alles Menschliche anhängen läßt.
Johann W. Goethe

Wer nichts riskiert,
wird niemals fliegen können.
Jochen Schweizer

rochenarbeit

unter

wasser

fliegen

die Demonstration rennt
in die Flammen von Phoenix
Nicolas Born

root of despair

was

l a n g e

gärt

wird

e-n-d-

l-i-c-h

mut

»Sie werden bezahlen!«
Thomas Mann · *Tod in Venedig*

rücklage

im fiesen fall
der fälle
kann man
bloß raten :

bootgroschen
nicht vergessen

There will come a time :
Malcolm X

Es ist Zeit.
Paul Celan

»I had to think differently.«
Colum McCann · *Apeirogon*

rumi's unitary geography

» beyond right
and wrong
there is a field :
i'll meet you there «

Hunters found his body
naked in the snow.
Stephen Marche

Warum war er hier?
Ausgerechnet an diesem Ort?
Was war sein Geheimnis?
Gerlind Reinshagen

… um das Gelächter /
der Steine zu hören
Christian Saalberg

rundgang

(munter-satierischer gesang)

HÖR : dort drüben trottet ein mann
mit langem haar und feinem hund
im s·c·h·n·e·e·g·e·r·i·e·s·e·l den abhang runter

und tut mit stummem mund
m i t   k e i n e m   w o r t
allerlei leises weises kund

derweil stör ich – hüben – den star der spottet
und lache lache : mache … kleinen kieselfund
(glatt … und … kalt … und : kunterbunt)

Ich könnte jetzt nicht zeichnen, nicht einen Strich –
Goethe · *Die Leiden des jungen Werther*

Dies war ein Vorspiel nur
Heinrich Heine · *Almansor*

rußnote der gedichte

berlin bebelplatz
glasblick ins –

S ∘ T ∘ U

S gehört zu den dentalen geräuschlauten (spiranten), und sonderte sich schon in der urgermanischen zeit in eine harte und eine weiche stufe, von denen die letztere im hochdeutschen, wie im gesammten westgermanischen in r übergetreten ist.

T, der harte zungenlaut …

U, der 20. buchstabe unseres alphabets, stellt den endpunkt unserer vocalreihe dar. um u hervorzubringen, wird die zunge nach hinten gezogen und in ihrem hinteren theile zum weichen gaumen gehoben, während sich die lippen vorschieben und zu einer kleinen kreisrunden öffnung zusammenziehen, so dasz im vordermunde ein ziemlich groszer resonanzraum entsteht, der die dumpfe klangfarbe dieses vocales bedingt.

Jacob und Wilhelm Grimm · *Deutsches Wörterbuch*

Laue Luft kommt blau geflossen :
Joseph von Eichendorff

Kompliziertes Thema.
Gerhard Richter

schau : lustig *

aulustig
baulustig … blaulustig … braulustig
chowlustig
draulustig

fraulustig
gaulustig … graulustig
haulustig
kaulustig

laulustig
maulustig
raulustig

saulustig
taulustig … traulustig
vaulustig … … … waulustig

---

* In Gedanken bei : Bilbo Baggins · Wernher von Braun · Rainer Calmund · Giacomo Casanova · Joseph von Eichendorff · Siegmund Freud · Yves Klein · Kraftwerk Amlach · Lassie · Joseph Pschorr · Gerhard Richter · Rudi Rüssel · Baldur von Schirach · Jürgen Schneider · Snegurotschka · Bud Spencer · Jason Statham · Elizabeth Taylor · Nathalie Troubetzkoj …

Ich muß fort.
Georg Büchner · *Woyzeck*

schiefgründig

[auf ein wort]

auf^{gebäumt}

g·e·t·r·ä·u·m·t·e·s :

es sei soweit

so weit es auch sei

den ganzen sonntag regen in den bäumen
vorgärten wie leere orchester
Manfred Enzensperger

schimpfstoff

impfstoff

Youth ages,
immaturity is outgrown,
ignorance can be educated,
drunkenness sobered,
but stupid lasts forever.
Kevin Kline as William Hundert
in *The Emperor's Club*

»Teufelskerl!« sagte Robert Poussepain,
der von seinem Falle noch ganz zerquetscht war.
Victor Hugo · *Der Glückner von Notre Dame*

schön … (blöd)

auch
gegen

t
k i
r e
u m h
m

ist
kein kraut
gewachsen

Ob's dir gefällt oder nicht, meine Schöne,
du wirst es erdulden müssen.
Tschastuschka

schwarzes meer

alles
versäuft
nach
plan *

15.04.22

---

* In etwas friedlicheren Zeiten (wann hätt' es die je gegeben) stünde hier, mutmaßlich, dieses – für einmal mottolose – Gedicht :

schwitzbold

da mutiert der verfasser
zum lyrischen fisch
und tropfen und salz sind
verschworen

Gezirkelte Übersicht ist das scharfe
Gegenteil der Naturpoesie.
Peter Panter

La Grande Nation :
Christoph Martin Wieland

Frohen Herzens genießen!
HB-Männchen

se laisser faire

lang lang ist's her : wir vier
zusammen in jenem sehr kleinen auto *
k·r·i·e·c·h·e·n ** – o wie das staubt … – richtung → provence
(die man schon riechen
zu können glaubt) ***
und endlich – **endlich** –

e i n m a l ****

keine chance
aus der maut
zu fahren

---

* tiger ist im tank …
** wenn das keine schleichwerbung ist …
*** ja : immer fest dran glauben …
**** so kraus …

das weiche grau /
von birken und von buchs
Stefan George

Es ist nicht so einfach.
Paul Celan

sehmut

» komm
in den totgesagten park
und –
schau : «

Es schwindelt mir, es brennt.
Goethe

sehnwucht

nichts nichts nichts
als in der
buch$_{\text{versenkung}}$
verkinden

… and then I asked him with my eyes to ask again yes and then he asked me would I yes to say yes my mountain flower and first I put my arms around him yes and drew him down to me so he could feel my breasts all perfume yes and his heart was going like mad and yes I said yes I will Yes.

James Joyce · *Ulysses*

sexakt

e x a k t

Kan kun være malet af en gal Mand!
Edvard Munch

Ein Stück,
nur aus einem Schrei gebaut,
das wäre ehrlich.
Stefan Schütz

It was like a cat
being hit with a poker.
Giles Foden · *Turbulence*

skrik

es schreit
in feinen
gedanken

Sie ist Witwe, denn der Gatte,
den sie hatte, fiel vom Blatte.
Diente so auf diese Weise
einer Ameise als Speise.
Heinz Erhardt

so leb denn – wohl

aus maden
wird man

klug

Schnell, gebt mir eine Leiter, schnell die Leiter.
Christian Saalberg

Ein jedes Ding der Natur
wirkt nach Gesetzen.
Immanuel Kant

Dieses ist – eine Legende :
Jacques Derrida · *Glas*

so (oder so) ist … leben … geht weiter

sehr · bald · schon
(nach dem brand)
tritt der sohn

mit der stand^{leiter}
in der hand
(und dem kopf

durch die wand)
in die rußstapfen
des kalten herrn

Makes me feel like Macbeth:
»Bloody instructions which being taught
return to plague the inventor.«
Merian C. Cooper

so wrong

[FOR KONG]

mich graust
der affe

Ich lief an wie in Trance und schoß, ohne auf den Torwart zu blicken. Ich schaute dem Ball nach, sah ihn immer höher steigen. Wie eine Rakete sauste er in Richtung Wolken. In diesem Moment war ich völlig apathisch, alles um mich herum rückte in weite Ferne, wurde grau. Ich registrierte nichts mehr.

Uli Hoeneß

sommer fußball 76

sengende hitze
(viele – viele – wochen : blau …) ––

ich s$_{p}$i^{e}l$_{e}$ … gerne
(*dann und wann* geht's
auf die knochen)

:

hä$_{ngende}$

s

p

i

t

z

e

Und das ist eben die wahrhaft kindliche Unbefangenheit, daß die Kleine nun von den Drangsalen des bösen Markts sich in wiedererlangter Freiheit ganz gehen läßt.

E. T. A. Hoffmann · *Des Vetters Eckfenster*

spechtler lacht –

macht :

gute miene

(zum mösenspiel)

Wir spielen, bis uns der Tod abholt.
Kurt Schwitters

Das letzte Spiel der Saison ist vorbei.
Kersten Flenter

s p i e l s t r e b i g

(lügen) örtlich kleines ver----------------schieben
viel feines flohwaldblau : z·e·r·s^{t}·i·e·b·e·n
ein m-ä-t-z-c-h-e-n mit sätzchen aus … wörtlich : sechsundneunzig … fetz:chen

un---verpetzt in einem spalt kieloben
z u / s a m / m e n / f ü / g e n
nein kein schwein will … (nicht inbegriffen : wann und kann …) … trügen

jetzt (nicht) – fahl im herzbau der mockrocktownhitze –
mit fingerspitze keinen gang hochschalten
m-a-t-e-r-i-a-l (in schockhaushochgefrorner schwitze) :

bald einfaltgrau bald kleinaltmau ——— halten
so (ge:mütlich) … ›reines‹ (ohne wo und wie)
über die wenigen witze gerieben

nicht weniger
nicht mehr ——— (mit falten im gesicht)
einfach … südlich … › mut ‹ geschrieben

Was du billigst, noch so fern,
Ist nach Tagen oder Wochen
Dein, als ob du's selbst gesprochen.
Franz Grillparzer

Ich // schrieb das schnell auf, bevor / der Moment
in der verfluchten / dunstigen Abgestorbenheit Kölns /
wieder erlosch.
Rolf Dieter Brinkmann

sprich:örtlich

(köln am rhein)

marienburg …
reich und reich :
ge : fällt sich gern

hauptbahnhof …
weich und weich :
ge : stellt sich gern

melaten …
leich und leich :
ge : sellt sich gern

Plus léger qu'un bouchon j'ai dansé sur les flots
Arthur Rimbaud

»But Maud, the world ›is‹ people.«
»I thought it was mostly water.«
Robert Stone · *Death of the Black-Haired Girl*

Nur das Pochen
des Blutes
Alois Vogel

spüren (wollen)

feuer …

wasser …

l u f t …

und : erde –

(bateau ivre

blaue *

pferde)

---

* oder : klaue

Wasser kann nicht mehr oder weniger naß sein.
Hartmut von Hentig

Outside, the snow was turning to rain.
Ernest Hemingway · *Banal Story*

Hände im Laub waschen.
Ulrike Almut Sandig

Wahrlich brav getroffen!
Goethe

s·t·a·u·b·t·r·o·c·k·e·n

(im faß ohne … boden)

wasser

ist :

…

›keine ahnung‹

(naß) *

* und da … haben wir / die beleerung : es hilft / kein bocken / und / kein locken : das gedicht / ist – / abge—/ s … offen

Vor Gott sind alle Menschen gleich,
vor dem Stau alle Autos.
Helmuth Karasek

staugummi

antares aeolus apollo
barum bridgestone boka
blackstar bkt belshina
atlas altura arivo

camac continental coker
davanti deli dynamo
dunlop debica duro
cultor crosswind cuper

excelsior eldorado excelon
fulda firestone fortuna
goodyear giti globestar

evergreen eternity ecovision
federal falken formula
gripmax greentrack general

Summer is the time when it is too hot to do the job
that it was too cold to do last winter.
Samuel Langhorne Clemens

die wiesen dufteten sinnverwirrend, …
Franz Fühmann

stichhaltig

(als ob sie mich von sich stieße und ein riß [in der rind] aufbräche …)

(») dralles pralles lockenmuhmenfleisch
kreischt verfrüht … rot … blau … —— alles auf höhe
(deiner därme / klammen lust)
seht : turbulenter thymian hohnhechelt w e h t
schon geschwind im gefilde (wilde : w≈e≈l≈l≈e≈n)
briselt ($_{b}r^{o}d_{e}l^{t}$) fächelt diesen bittren
schweren dunst ———————— herüber *
hammer : w e s p e n s c h w ä r m e
(tausendmundgejammer … widerborstig ver…knäuelt)
bocken schwirren b r e i t e r lärmen brausen bös
schau : mohn glüht (gelind gesagt) r·o·b·u·s·t
droht lohend von den rändern : *du mußt …*
und – *horch* – wie ominös : die hellen dornähren *k·l·i·r·r·e·n*
im stromgrellen ganz schnellen wind … [*usw.*] («)

---

* wie das funzt – und wie … das : r·i·e·s·e·l·t

Life is too important a thing
ever to talk seriously about it.
Oscar Wilde · *Vera; or, the Nihilists*

And thus the native hue of resolution
Is sicklied o'er with the pale cast of thought.
William Shakespeare · *Hamlet*

tapfres schneidersein *

kommt maid
kommt naht

* und von wegen : *von des gedankens blässe angekränkelt …*

The cats fled at his approach,
streaking through the darkness
towards the feed store
where their harvest of vermin lived.
Joanna Trollope · *Next of Kin*

tierreich
(mein lieber schwan …)

he : die ganze – laulichtweichwarme – nacht (von acht bis vier)
hat sich der clan sau:wohl beim kelchfest gefühlt
ohne sausame sorgen – sei doch kein frosch – ge:plaudert –
rohe kunde machte munter die runde

strudel gefressen lammschlacht geschlagen kaltbier gesoffen
nicht gezaudert : bro im gewimmel barsch ausgehebelt
einfach … halbnackt … an tischen gesessen
stunde um stunde mit grauköpfchen gänsen gazellen $g^{e}t_{a}n^{z}t$ *

(fakt : alle bäume und räume waren … verwanzt) – – –
am morgen ist großgrüngrund schwer zer:w–ü·h/l-t
rudel – sehr – benebelt – h-u-n-d-e-e-l-e-n-d – schimmelblau

und bald – bis auf weitres – in … tja … ›quarantäne‹
(läuft hier – mit bärenmigräne – gegen wände [] säuft
sprudel … leckt wunde … schaudert ——— oh : je)

---

* »was für ein gedudel yo« (so der verkaterte bulle) : *ich tanze mit dir / in den himmel hinein / in den siebenten himmel / der diebe …*

Die Welt ist voll
von schön gewesenen Frauen.
Arnold Stadler

trauerblümchen

welke
elke *

* (unerhört)

Der Fehler fängt schon an, wenn einer sich anschickt, Keilrahmen und Leinwand zu kaufen.

Joseph Beuys

Wir dachten, das alte Ding könnten wir schön sauber machen und benutzen, um darin unsere Gläser zu spülen; so wie die aussah, konnten wir sie nicht gebrauchen. Deshalb haben wir die Wanne geschrubbt.

Marianne Klein

traum 3

[kein raumstaubraubsonett]

von wegen
›öl auf leinwand‹ :
alles in
– *und in uns …* –
butter
aber wann aber wann
(*unter uns …*
gefragt)
war
dann
landunter
und der künstler
bekam
sein fett – – – weg

In der Mitte des Lebens, / in einem dunklen Dschungel war ich, /
weil meine Route in die Irre gegangen war.
D. Alighieri · *Die Göttliche Komödie*

traum-a-variante – oder : das gebrannte kind
(eine markante reminiszenz)

tante jolanthe
die charmante verwandte *

(lang lebte sie
in der ›heißen‹ – – – levante **)

liebte abgöttisch :
dante (dante …)

mit dem sie mich oft zu oft
übermannte …

das waren … das waren …
rasante : momante

in denen ich mich kaum je
entspannte

---

* von gouvernante / die sie verkannte / frechweg ›verrückt‹ genannte …
** levante … / ach ja – die so benannte

in diesem augenblick gehen träume vorbei:
schwarze schatten fallen ins zimmer
Paul Hubrich

Fred had no recollection
of having had a dreamlife
until his wife left him.
John Updike

Blendwerk und hinlockende Fopperei …
Thomas Mann · *Joseph und seine Brüder*

Dreams are toys. *
William Shakespeare

t-r-a-u-m-b-a-u-m-s-t-o-f-f-e …

quarrten ——
und : s/c/h/a/r/r/te/n
(in einem verbilderten
garten)

* Ja : *Wir spielen, bis uns der Tod abholt.* (Kurt Schwitters)

Ja, meine Klara, glaube daran,
wir werden ganz glücklich werden.
Robert Schumann

Die Wirklichkeit,
von der wir sprechen können,
ist nie die Wirklichkeit an sich,
sondern eine von uns gestaltete Wirklichkeit.
Werner Heisenberg

Und die Funktion von Kunst besteht für mich darin,
die Wirklichkeit unmöglich zu machen.
Heiner Müller

träumerei (das kleine ding …)

» was ich …
schüchtern gedichtet –
vielleicht bringt es :
uns ——— die ———
w ◦ i ◦ r ◦ k ◦ l ◦ i ◦ c ◦ h ◦ k ◦ e ◦ i ◦ t «

Ich weiß nun nicht genau,
wer Krethi und Plethi sind;
Theobald Tiger

treffen sich … drei
[ein kindflug]

inmitten jener
legendeeren
von wind und biene
(ohne zweifel)
in gang gefetzten
beerenschweren
l a u b l a w i n e
          bei lichtschneller nacht
          im bolzfällerkrug
          auf dem schwarzen mann
bläffen yeti hinz und kunz
(jeder / wie er kann)
über krethi und … plethi – – –
keiner frug
weshalb weswegen
(nein – auch das holzkalb nicht) *

---

* man trank wohl thee / mehr weiß man nicht / (und wird daraus nicht klug)

Jetzt glänzen seine Blicke,
sie irren da und dort umher,
er ist von einem Gedanken ergriffen,
den er sogleich eifrig verfolgt.
Eduard Mörike ·
Mozart auf der Reise nach Prag

überraschung

o o o : o o r o a o n o g o e o n

So ist es, wenn Eisberge
im Wege steh'n:
In Gedichten läßt
man sie untergeh'n.
Axel Kutsch

und im märchen ...

(so träumling *)
siehst du :
die katze
im frack
laufen

---

* Wer denn nun schon wieder *träumling* sei, mag mancher Leser sich zu fragen wagen. (Fragen kostet schließlich : nichts.) Teddy Träumling, seines Zeichens Polizist, taucht in novembriger Nebelnacht – während einer so aufbleibenden wie g e g e n s t a n d s : l o s e n Uhrensuche (die ihm prächtig auf den Wecker ging) – unvermittelt läutend auf : um zu ... bleiben. Seitdem bereichert er Nacht für Nacht (für Nacht) die Runde um Bernhard Bensch, Theo Breuer, Konrad Kraus, Peer Quer und Mrs Columbo (die freilich, wenn Träumling auftaucht, meist schon an der Matratze horcht) mit spontanen Einwürfen, von denen mancher Fußballnationalspieler bloß träumen kann. So kam denn auch (während eines lautstark geführten Streitgesprächs zwischen Kraus und Quer) der *Vorschlag zur Blüte* von —— ihm.

… verrecken in ihrer eigenen
Sprache …
RDB

unendlich

endlich

… a tree swinging …
T. S. Eliot · *The Hollow Men*

… eine gewaltige Geräuschmühle,
ein Perpetuum mobile von Schreien …
Dieter Kühn · *Das magische Auge*

There was not a word from anybody.
Joseph Conrad · *Heart of Darkness*

urwald

nur : wald

Mit 290 km/h summten wir Richtung Norden.
Ulrike Draesner · *Die Verwandelten*

… ineinander verschlungen oder zu Fragmenten zersprengt …
Peter Weiß · *Die Ästhetik des Widerstands*

Um Mittag zeigte die Sonne, halb durchbrechend,
das Bestreben, den Nebel in Bläue aufzulösen.
Thomas Mann · *Der Zauberberg*

Aber wehe, wehe, wehe!
Wilhelm Busch · *Max und Moritz*

u·t·r·o·p·i·s·c·h·e : g·l·ü·c·k·b·e·s·i·n·n·u·n·g *

* Hinweis am Rande – mit klingender Bitte um einsehende Betrachtung : Das ohrbiegende Gedicht bezieht sich, hohlweislich, auf das 56 × 56 cm große, LEISWUT titulierte Bild, das B., wie die Erinnrung ihm wortweich weismachen will, wer weiß wann während der wilden 1980er Jahre malte.

V ∘ W

V, der 22. buchstabe des deutschen alphabets, hat seine gestalt zunächst dem griechischen Y entlehnt.

W hat jetzt überwiegend die aussprache eines labiodentalen stimmhaften reibelauts, doch ist vielfach auch rein labialer spirant zu hören (namentlich nach sch und in qu) und in Mittel- und Süddeutschland (wo das reibungsgeräusch z. th. ein sehr geringes ist) ist diese aussprache die gewöhnliche.

Jacob und Wilhelm Grimm · *Deutsches Wörterbuch*

Das Mädchen sprach so leise,
daß ich mich zu ihm niederbeugen mußte.
Friedrich Dürrenmatt · *Das Versprechen*

verführerisch

ein buch
mit lieben
igeln

Im Abendland ist der Mensch
ein Geständnistier geworden.
Michel Foucault

verhört

lachen
scherzen
fördergrube

Was würde man sagen,
wenn man alles sagen dürfte.
Isabel Fargo Cole · *Die grüne Grenze*

verstört

die angst der hühner
vorm verfolgungshahn

Nach Golde drängt,
Am Golde hängt
Doch alles! Ach wir Armen!
Margarete

vis-à-vis

…
… …
… … …
was … für : z e i t e n
…
als man sich
…
die pinke^{pinke}
…
in die hand gab
…
… träu …
… me …
…
… ge …
… sprä …
…
… che … b/ä/u …
… m/e …
… … …
… …
…

Es ist kaum möglich,
ein Bild zu geben von dieser Verwüstung.
Clara Schumann · *Tagebuch*

History, Stephen said, is a nightmare
from which I am trying to awake.
James Joyce · *Ulysses*

Es waren wirre Zeiten.
Dieter Kühn · *N*

vor:gefunden

(in Theodor Hebbels Tagebuch vom 25. März 1859)

» die geschichte der menschheit
macht zuweilen einen eindruck auf mich
als ob sie der traum eines raubtiers wäre «

22.02.2022

Erstarrt blieb er stehen.
Norbert Scheuer · *Winterbienen*

Unbeirrt
streben die Spinnen
weiter.
Konrad Kraus · *Vier fragen*

vorschlag zur blüte

lassen wir
die b·i·e·n·e·n

leben

Ach, ich bin des Treibens müde!
J. W. Goethe

wandrers nachtlied 3.0

quer sieht
(vor lauter träumen) :
asphalt – – –
nicht mehr

Das Dazwischen, der offene Garten,
vielleicht meine einzige Heimat.
Philippe Jaccottet

war mal

will kommen

willkommen

I do not exist,
schrieb sie.
Evelyn Schlag

Ich befinde mich in einem öffentlichen Park.
Ein Mensch geht an den Stühlen vorbei.
Jean-Paul Sartre

The words of a dead man
are modified in the guts of the living.
W. H. Auden

way of happening

» poetry

makes

NOTHING

happen « *

---

* *Is this enough? she thinks as a cloud passes across the window.* (Nicholas Searle : *The Good Liar*)

When I was young I thought
that money was the most important thing in life.
Now that I am old I know that it is.
Oscar Wilde

Das Geld ist alles,
was der Fall ist.
Peer Quer *

When had respectable people
given themselves over full-time
to counting zeroes?
Sebastian Faulks · *A Week in December*

Arrangieren Sie sich mit dem Finanzamt.
Jörg Fauser · *Die Tournee*

weltbild

geldwild

---

* Wir sehen Bensch : Zähne blecken, schmunzeln, Stirn runzeln, Lippen lecken, hören ihn nun gleichfalls verbal aktiv werden und mit diesem kecken – ihm in die Schuhe geschobnen – Zweizeiler zurückschlagen : *geizhals* // nimmt das geld / in gesparsam

Sagt es niemand, nur den Weisen :
Goethe · *Selige Sehnsucht*

Die Erde ist eine vollkommene Kugel,
sie hat kein Ende und keinen Anfang in all ihren Theilen,
und man befindet sich überall in der Mitte.
Plinius

Und siehe da, es war sehr gut.
1. Mose 1

w · e · r · d · e

a l l ü b e r a l l
natur : geballt

Fair is foul, and foul is fair.
William Shakespeare

Damals hat die halbe Nation
hinterm Fernseher gestanden.
Franz Beckenbauer

wie : aus dem —— nichts

konter

im

schweigenden

stadion

13.11.20

Die Frage nach der Wirklichkeit
ist eine an die Phantasie
Elazar Benyoëtz

Wer nicht denken will, fliegt raus.
(Ich denke sowieso mit dem Knie.)
Joseph Beuys

Ich habe nichts zu sagen, und ich sage es:
Ich möchte versuchen, das zu verstehen, was ist.
Gerhard Richter

w·i·r·k·l·i·c·h ———

nicht

zu

f·a·s·s·e·n

Aus der Hand frißt der Herbst mir sein Blatt:
Paul Celan · *Corona*

Wie ihr es immer dreht, und wie ihr's immer schiebt –
Bertolt Brecht · *Wovon lebt der Mensch*

wisset :

erst kommt :
das fressen ———
dann kommt :
d-e-r … c-h-o-r-a-l

18.11.2020

Hier spricht die Sprache :
Roland Barthes

Vom Wort herab besteigen wir die Zeiten.
Achim Wannicke

Ce n'est point avec des idées qu'on fait des vers,
c'est avec des mots.
Stéphane Mallarmé

wörter

(rheinische art)

brassel

knühles

veschangeliere

All progress depends on the unreasonable man.
George Bernard Shaw

I don't know where I'm going, but I'm on my way.
Carl Sandburg

wortschritt

[zwangsgeträumt]

fort

fort

fort

f o r t

Es ist nicht alles hold, was glänzt.
Peer Queer

O du fröhliche
Johannes Daniel Falk

wunderware scheinwelt

und hinter-------her
wollen … wir … was …
singen lassen

Eine Elster spreizt sich auf dem Geländer.
Hans Magnus Enzensberger ·
Die Geschichte der Wolken

jene vergilbte Eintrittskarte
in der vermüllten Schublade
Monika Zeiner ·
Die Ordnung der Sterne über Como

wust

man steht sich wie oft schon am schmalen fenster gen süden im wege
streift wie abwesend jenes spiegelbild in grauer ätherscheibe
wundert sich wegen der mild gefältelten stirn der müden augen
und meint wohl klarhaftig zu wissen was man nicht wissen will
lebt man hernach nun schlauer : ach je man weiß es nicht
stärkt sich fast gerissen an dieser schalen schrulligen illusion
buchstaben wühlen rabiat / kerze rußt / klima wird rauer
bei diesem birnbissig bösen blick bebt der blanke boden
man greift nach der fahlen lehne des stuhls langt wild ins leere
nach der schere … ein weitrer holperstolperschritt an diesem tage
nächste frage : hat man auch immer ›wirklich gut‹ aufgepaßt
laßt uns darüber streiten / die ewige schwarze katze im regen
scheint sich wie stets kategorisch als herrin der lage zu fühlen
später proust lesend bemerkt man : daß schönes wetter ist

X ∘ Y ∘ Z

X : Das zeichen X gelangte aus westgriech. alphabeten — in Unteritalien bezeugt seit etwa 700 — durch etruskische vermittlung oder auf direktem wege durch westgriechische kolonisten mit dem lautwert ks in die lat. schrift, wo es das älteste alphabet von 21 buchstaben abschlosz (nostrarum ultima, Quintilian inst. or. 1, 4, 9); seit deren übernahme ist es in dt. hss. bezeugt, …

Y : In festem gebrauch ist Y seit dem ahd. — zunächst lat. vorbild folgend — zur bezeichnung des i-lautes in fremdwörtern, besonders fremdsprachigen eigennamen, in den griechischen nicht konsequent υ, sondern auch ι vertretend.

Z : In wörtern wie kauz, mhd. kûze, kûz und mieze, koseform für Maria und lockruf für die katze, liegt wohl ein älterem t (tt, tja) entsprechendes zur bildung von koseformen frei verwendetes z vor, das auch nach andern lauten erscheint, z. b. in Götz und Heinz. vgl. gramm. 3, 689 ff.

Jacob und Wilhelm Grimm · *Deutsches Wörterbuch*

»Sieh, wie die hier liegen«,
sagte eine und warf aus Mitleid
ein Tuch über sie.
Franz Kafka · *Das Schloß*

xerotisch

» wie hunde
verzweifelt
im boden scharren
so scharrten sie
an ihren
körpern «

A line will take us hours maybe;
William Butler Yeats

yet :

» if it does not seem
a moment's thought
our stitching and unstitching
has been naught «

Auf einen Schlag ist der Himmel blau
Kai Pohl

Seiltänzer zwischen Genie und Scharlatan
Max Hollein

Sólo existe un azul.
Rafael Alberti

yves klein (bildtätig)

die

blaue

eminenz

Sie wächst wie dein Auge es will.
Paul Celan

zarter zunder

beim glasigen blick
auf die giftfeine blume

z w i l l i n g s b i l d gedacht –
prompt dieses UND jenes erwörtert :

paris *(eine sandstadt)*
verschiebt die kulissen

hinter der brandwand
erglüht das gedicht

aus himmlischer
herbstzeit

lose

Michael Denhoff · *countertimecounter*

… – der eine laut,
der andere leise.
Joachim Ringelnatz

Wer jetzt kein Haus hat,
baut sich keines mehr.
Rainer M. Rilke

zeilenleise zeitenweise

mein … messer
es → blutet
s e i t e n w e i s e
(nun – besser – nicht —— atmen)
auf buchfühlung g/e/h/e/n
mit alarmierendem bienenfresser
verpörendem mordton
s·i·l·b·e·n·w·e·i·s·e / sehr *l a n g s a m*
entgegen – – – w-a-c-h-s-e-n

A poet can survive everything but a misprint.
Oscar Wilde · *Reviews*

ziemlich
[ohne zweck]

greulich erfuhr es
aus quirliger quelle

hier steht es … ›nur so‹
– in black ’n white – :

von ziemlich
jener ^{kunst}figur

fehlt zeitlebens
jede spur

… ein um sich fressender Rost.
Hugo von Hofmannsthal

Sometimes the way is to be found
in a sudden yesterday.
Richard Berengarten

ziel→→→los

zwanglos

s-*p*-r-^{a}-c-$_{\text{h}}$-

l-$_{\text{o}}$-s

..., ein aufgerissenes Loch in der Straße, [und] ...
Rolf Dieter Brinkmann

zornstein

faucht

Freilich die Freiheit,
wie sie heute möglich ist,
ist ein kümmerliches Gewächs.
Franz Kafka

zu deiner frage (nach der hundeplage)

dann (noch ehe die stunde
des universellen sorgengrauens
anbrach) träume ich … es hätte
/ bis schief hinein in die sinnenräume /
g e s c h n e i t
(drum bette sich : wer kann)
ich träume vom schnellen
heizen mit weizen
vom … › f-i-n-a-n-z-i-e-l-l-e-n ‹ … gas
und las (als ich in einer schneewehe saß)
das wort : › gefallen ‹
im grellen wintergrund
verprellen geräuschflegel
den potentiellen spätheimstraßenkehrer

06.08.22

»Willkommen in Triebswetter!«
(Ein Kind weinte.)
Catalin Dorian Florescu ·
Jacob beschließt zu lieben

Vergiss die Sprache nicht, …
Horst Samson · *Tango mortis*

zum beispiel im traum

›banat‹ denken
die krähen auf dem maulbeerbaum

›bukowina‹ denken
eine gegend in der menschen und bücher lebten

›siebenbürgen‹ (›sieben brücken‹) denken
sieben dunkle jahre überstehn

›bărăgan‹ denken
kein baum wächst auf seinem rücken

What we call the beginning is often the end.
And to make an end is to make a beginning.
The end is where we start from.
T. S. Eliot

Draußen dämmert es bereits,
und die Vögel beginnen zu zwitschern.
Hans Erich Nossack · *Spirale*

zum : schluß …

denk ich nur
an DIE skulptur
(der kuß)

Inhalt

Gedichte von A bis Z

A ◦ B ◦ C

D ◦ E ◦ F

G ◦ H ◦ I

J ◦ K ◦ L

M ◦ N ◦ O

P ◦ Q ◦ R

S ◦ T ◦ U

V ◦ W

X ◦ Y ◦ Z